CATALOGUE

D'OBJETS

DE LA CHINE & DU JAPON

Émaux cloisonnés, Jades, Bronzes,
Cristaux de roche, Porcelaines anciennes,
Laques & Objets divers,

DONT LA VENTE AUX ENCHÈRES PUBLIQUES AURA LIEU

HOTEL DES VENTES

RUE DROUOT, SALLE N° 2

Le Vendredi 11 Janvier 1867,

A DEUX HEURES PRÉCISES

Par le ministère de M° **CHARLES PILLET**, Commissaire-Priseur,
rue de Choiseul, 11,
Assisté de M. **FEBVRE**, Expert, rue Laffitte, 12,
CHEZ LESQUELS SE DÉLIVRE LE CATALOGUE.

EXPOSITION PUBLIQUE

Le Jeudi 10 Janvier 1867, de une heure à cinq heures.

PARIS

RENOU & MAULDE

IMPRIMEURS DE LA COMPAGNIE DES COMMISSAIRES-PRISEURS
Rue de Rivoli, 144

1867

CATALOGUE

D'OBJETS

DE LA CHINE & DU JAPON

**Émaux cloisonnés, Jades, Bronzes,
Cristaux de roche, Porcelaines anciennes,
Laques & Objets divers,**

DONT LA VENTE AUX ENCHÈRES PUBLIQUES AURA LIEU

HOTEL DES VENTES

RUE DROUOT, SALLE N° 2

Le Vendredi 11 Janvier 1867,

A DEUX HEURES PRÉCISES

Par le ministère de M° **CHARLES PILLET,** Commissaire-Priseur,
rue de Choiseul, 11,

Assisté de M. **FEBVRE,** Expert, rue Laffitte, 12,

CHEZ LESQUELS SE DÉLIVRE LE CATALOGUE.

EXPOSITION PUBLIQUE

Le Jeudi 10 Janvier 1867, de une heure à cinq heures.

PARIS

RENOU & MAULDE

IMPRIMEURS DE LA COMPAGNIE DES COMMISSAIRES-PRISEURS
Rue de Rivoli, 144

1867

CONDITIONS DE LA VENTE

Elle sera faite au comptant.

Les Adjudicataires paieront CINQ pour CENT en sus des enchères, applicables aux frais.

L'Exposition mettant les Acquéreurs à même de se rendre compte de l'état des Objets, il ne sera reçu aucune réclamation après l'adjudication prononcée.

DÉSIGNATION
DES OBJETS

Émaux cloisonnés.

1 — Deux Gourdes accollées : l'une, fond blanc, avec branchages entourant deux médaillons de fleurs et d'insectes ; l'autre, même genre de décor, mais émaillé sur fond noir.

2 — Grande Boîte ornée sur le couvercle d'une rosace avec fleurs ; autour, double frise de fleurs de jasmin sur bleu turquoise.

3 — Tyng rectangulaire ; le dessous contre-émaillé ; le bas, à arceaux, repose sur un socle ; le tout émaillé de fleurs, de frises et de dragons en émaux de couleurs sur bleu turquoise ; couvercle dômé avec Chimère accroupie.

4 — Jardinière de forme évasée ; très-beaux émaux de pampres de tons divers sur fond bleu turquoise translucide.

5 — Jardinière, émail fond gris-bleu orné de fleurs de tons divers.

6 — Coupe décorée de fleurs variées sur fond bleu translucide.

7 -- Vase rond à fleurs, orné de deux frises en émaux de couleurs sur bleu turquoise.

8 — Petit Plateau en émail fond bleu turquoise translucide, orné de fleurs en émaux de couleurs.

9 — Boîte ou Encrier rectangulaire; le couvercle à coulisse, décoré d'ornements divers en bleu lapis et rouge corail sur bleu turquoise.

10 — Tasse et son Plateau à ombilic; les deux pièces ornées de frises en émaux de couleurs sur fond blanc translucide.

11 — Coupe contre-émaillée; le bord à plate-bande contournée, très-riche d'ornements en émaux de couleurs sur bleu turquoise.

12 — Petit Vase à grosse panse, à couvercle, orné de fleurs, d'entrelacs et de grecques en émaux de couleurs sur bleu turquoise.

13 — Plateau ovale de forme lobée orné de fleurs variées sur fond gros bleu.

Jades.

14 — Tyng rectangulaire gris moucheté à anses élevées; il repose sur quatre pieds ronds et offre sur les quatre faces des frises sculptées et les emblèmes de la Vigilance.

15 — Deux Coupes en jade blanc translucide, jaspé de vert; belle matière.

16 — Deux petites Coupes en jade blanc moucheté de vert; elles offrent la forme de fruits avec branches et feuillages.

17 — Petit Flacon en jade vert à panse applatie et long col, orné de trois frises à palmettes et têtes de lions.

18 — Deux Coupes hanap en jade blanc moucheté, anse à jour à grecque.

19 — Deux petites Coupes en jade vert transparent herborisé.

20 — Boîte avec son couvercle; ces deux pièces reliées par un anneau mobile pris dans la masse, ont la forme d'une pêche avec feuillages.

21 — Vase à fleurs, de forme évasée au sommet, en jade blanc, orné de deux frises à jour et d'ornements gravés.

22 — Petite Coupe à une seule anse formée par une tête de dragon sculptée à jour.

Cristaux de Roche.

23 — Vase à fleurs offrant un tronc d'arbre, de la famille des conifères, orné de fleurs gravées et en relief.

24 — Figurine de mandarin assis: près de lui, le chien de Fo.

25 — Coupe de forme carrée avec bandes plates et retraits à l'intérieur.

26 — Petit Bassin de forme lobée, ayant au centre et en relief une branche de pêcher avec des fruits.

27 — Petite Figurine de mandarin assis, en cristal transparent opalin.

28 — Coupe de forme carrée, avec bandes et sculptures à retrait à l'intérieur.

29 — Petit Vase à fleurs ayant la forme d'un tronc de bambou entouré de feuilles.

30 — Petite Boîte à couvercle de forme carrée, le dessous avec dés.

31 — Petit Socle à statuette formé d'une grecque à jour.

32 — Petit Flacon à odeur, en cristal herborisé ; anses formées par des têtes de lions en relief.

33 — Presse-Papier : petite Chimère accroupie sur socle ovale.

Bronzes.

34 — Deux grands Vases en bronze du Japon, de forme hexagonale ; le haut figurant une coupe ronde ; le bas, des rochers avec branchages et figures en ronde bosse ; anses formées par deux salamandres. Ces belles pièces sont ornées de damasquinures, de tiges flamboyantes entourées de grecques.

35 — Brûle-Parfums de forme hexagone, anses élevées à anneaux ; la panse et les trois pieds entièrement damasquinés de filets d'argent représentant des fleurs.

36 — Vase forme balustre, la panse légèrement aplatie. Cette pièce est entièrement damasquinée d'argent, offrant des fruits, des rinceaux et des grecques.

37 — Grand Brazero de forme ronde ; les anses, à jour, sont formées par des dragons ; au revers de cette pièce est un cartouche des Myngs entouré d'un dragon en relief.

38 — Brazero à anses évidées; très-belle patine imitant la pierre d'aventurine; pied ayant la forme de trois feuilles assemblées.

39 — Deux Brûle-Parfums, pieds et couvercles à jour à feuillages; anses formées par des écureuils.

40 — Petit Vase porte bouquet, en bronze, recouvert en partie d'ancienne dorure.

41 — Brazero à anses élevées; très-belle patine unie avec trois clous en relief.

42 — Brazero de forme ronde, couvercle à jour avec Combat de tigres; sa panse est ornée de deux Raies-de-Cœur.

43 — Brazero rectangulaire à anse mobile; sur la patine, verte et très fine, sont gravés des personnages et des caractères japonais.

44 — Brazero de très-ancienne fabrication, doré sur patine; ses trois pieds sont formés par un simulacre de têtes d'éléphants.

45 — Petit Brûle-Parfums, ayant la forme d'une pêche avec feuillages.

46 — Brazero à quatre pans; pièce d'une fabrication ancienne, ornée de cinq frises; le couvercle avec frise à jour et Chimère.

Porcelaines.

47 — Deux Vases cylindriques; sur les panses, grands personnages chinois en émaux de couleurs sur fond blanc.

48 — Grand Vase de forme ovoïde allongée, décoré en bleu, sur fond blanc, de grandes figurines chinoises.

49 — Deux Vases forme balustre, fond chamois craquelé ;
la panse et le col ornés de personnages chinois émaillés
en couleurs ; anses à mascarons en biscuit.

50 — Grand Vase cylindrique en porcelaine très-finement
craquelée, sur lequel se détache en bleu, un paysage
chinois avec personnages.

51 — Deux Jardinières, fond gros bleu de roi uni.

52 — Milan perché, en ancienne porcelaine de *Tché-Ouan*.

53 — Deux Vases forme balustre, décor de fleurs bleues
en relief, sur fond céladoné.

54 — Jardinière, fond rouge rubis, anses à mufles de
lions.

55 — Vase à fleurs en ancienne porcelaine de *Tché-Ouan*,
représentant un rocher sur lequel sont des canards.

56 — Petite Bouteille ou Gourde, décor à dragon en rouge
de cuivre entouré de nuages bleus.

57 — Jardinière, décor fond fleuri sur fond turquoise.

58 — Jatte en porcelaine de Satzuma, beau décor à personnages, en rouge de cuivre, rehaussé d'or.

59 — Jardinière, fond vert d'eau fleuri sous émail.

60 — Grand Plat en grès cérame de Nagato ; beau décor
de paysages avec cours d'eau et figurines.

61 — Vase à fleurs à goulot, offrant l'aspect d'une gre-
nade entr'ouverte.

62 — Petite Bouteille fond turquoise, jaspé violet.

63 — Deux Bols en porcelaine du Japon, riche décor à personnages en rouge de cuivre avec rehauts d'or.

64 — Vase à fleurs en ancienne faïence Coréenne, décor de rinceaux bruns sur fond chamois craquelé.

65 — Deux Bouteilles forme balustre, décor à mandarins avec paysage.

66 — Jardinière en bocaro fond vert d'eau, anses à dragons.

67 — Petite Bouteille à long col, fond bleu de roi, avec salamandre en relief.

68 — Deux Tulipiers ayant la forme d'un manuscrit enroulé, orné en noir sur une face, d'un paysage avec figures et sur le revers, de caractères chinois.

69 — Deux Coupes en bocaro, ayant la forme de pêches entourées de branchages en terre de couleurs.

70 — Vase balustre à quatre pans, fond bleu empois craquelé ; anses à têtes d'éléphants.

71 — Deux Coupes en faïence de **Nagato**, ornées de fleurs et de feuillages en émaux de couleurs sur fond blanc.

72 — Vase à fleurs en ancienne porcelaine de *Tche-Ouan*, offrant deux carpes accolées ; fond rouge rubis.

73 — Petit Vase en céladon jaspé de vert et de rouge sur fond chamois.

74 — Deux Pots à fleurs, riche décor de fleurs sur bleu turquoise.

75 — Bouteille en céladon vert d'eau craquelé ; autour du col, deux salamandres en relief.

76 — Jardinière décorée extérieurement en émaux de couleurs de dragons dans des vagues.

77 — Deux petits Vases en bocaro émaillé, ornés de médaillons et de fleurs.

78 — Vase à col élevé en porcelaine craquelée orné de trois frises bleues.

79 — Deux Coupes, ornées de médaillons et de fleurs émaillées sur fond turquoise.

80 — Vase en céladon chamois craquelé, orné d'un paysage bleu en relief.

81 — Deux Bols de forme contournée ; autour, des comédiens chinois.

82 — Coupe basse, fond bleu turquoise.

83 — Encrier en émail de couleur ayant la forme d'un citron avec ses feuilles.

84 — Figurine de philosophe debout sur socle ; blanc de Chine.

85 — Petite Bouteille fond bleu turquoise.

86 — Deux Jardinières fond chamois ornées de personnages en émaux de couleurs.

87 — Figurine : Santon Boudhiste assis. Terre cuite dorée.

88 — Vase cylindrique, décoré de paysages avec figures.

89 — Chauffe-main en faïence fond rouge, nuancé de vert.

90 — Petite Bouteille fond bleu turquoise moucheté.

Laques.

91 — Boîte rectangulaire en laque noir, avec fleurs diverses en or.

92 — Charmant petit Plateau de forme contournée en laque noir de Miako ; au centre, une branche soutenant deux fruits, puis un insecte ; le tout en or de couleur et en relief.

93 — Boîte rectangulaire à compartiments, ornée de fleurs en or à deux tons.

94 — Boîte rectangulaire en laque noir, ornée de fleurs et de feuillages en or; sur le couvercle, se détachant également en or, sont figurées les encoignures de trois plateaux.

95 — Boîte à dentelles en laque noir, orné de pivoines en or; belle qualité.

96 — Boîte rectangulaire en laque noir, avec décor de roseaux et de fleurs en or à deux tons.

97 — Petit Coffret à bijoux en laque noir, décoré en or d'un espalier de pêcher disposé en lozange; cette pièce offre cinq plateaux superposés avec couvercle maintenant la totalité des pièces.

98 — Petite Boîte de forme ronde en laque avanturiné; le couvercle offre une fleur de marguerite sur imbrications.

99 — Petite Boîte plate à couvercle à coins arrondis, décoré d'un paysage en relief sur sablé d'or.

100 — Cippe en ivoire laqué or offrant en relief des groupes de fleurs et d'insectes.

105 — Petite Boîte hexagone lobée en laque noir; le tour décoré en or d'un treillage avec feuilles de courges; le couvercle avec écureuil en relief.

102 — Petite Boîte en ivoire ornée de frises, de poissons et d'un médaillon avec masque comique et attributs de théâtre; le tout laqué or.

103 — Quatre Boîtes en ancien laque noir, ornées de fleurs en or.

Objets divers.

104 — Deux Lanternes en bronze doré, ornées de plumages
et de têtes de lions; ces deux pièces offrent l'aspect
de deux vases attenant; la monture est ornée de frises
grecques. Verres de couleur avec fleurs.

105 — Grande Boîte ronde du Tonkin en bois de fer incrusté
de burgau, avec frises, fleurs, oiseaux entourant un
cartouche avec caractères chinois.

106 — Boîte du Tonkin de forme hexagone, très-richement
décorée de fleurs, de frises et d'animaux chimériques;
le tout incrusté de burgau.

107 — Deux petits Plateaux du Tonkin en bois de fer, riche-
ment incrustés de fruits et de feuillages en burgau.

108 — Deux petits Flacons à odeur en verre onix blanc
et rouge, ornés de rinceaux et d'ornements en relief.

Renou et Maulde, Imprimeurs de la Compagnie des Commissaires-Priseurs,
rue de Rivoli, 144.   57985

www.ingramcontent.com/pod-product-compliance
Lightning Source LLC
LaVergne TN
LVHW020859200726
843508LV00003B/1236